DISCOVRS PARTICVLIER
CONTRE LES FEMMES
DESBRAILLÉES DE
ce temps.

Par PIERRE IVVERNAY
Preſtre, Pariſien.

DERNIERE EDITION.

A PARIS,
De l'Imprimerie de PIERRE LE-MVR
dans la grand-Salle du Palais.

M. DC. XXXVII.

PREFACE.

Es raiſons principales pour-
quoi pluſieurs femmes (c'eſt
toute la meſme choſe de
pluſieurs hommes) par leurs vanitez
& folies ſe ſoucient ſi peu de donner
à autruy occaſion de pecher, ſont
premierement : Parce que ſçachans
que Dieu [a mis l'homme en la main
de ſon conſeil,] c'eſt à dire, l'a creé libre pour cõſentir ou reſiſter au mal;
peut-eſtre elles ſe perſuadent qu'en
donnãt à autruy occaſion de pecher
(ſans neantmoins pour cela deſirer
qu'il peche,) elles meritent pluſtoſt
qu'elles ne pechent : A cauſe que par
le moyen de telle occaſion elles luy
donnẽt vn ſujet pour beaucoup me-
riter, ſi d'auanture il ſe veut ſeruir du
talent de ſa liberté pour la fin principale pour laquelle il luy a eſté donné.

C'eſt à ſçauoir, afin de reſiſter & ne
pas conſentir au mal ou peché. Veu
principalement que (ſelon Thomas
à Kempis) les occaſions ne nous ren-
dent pas plus fragiles; ains ſeulement
monſtrét quels nous ſommes, ou autrement, quelle diſpoſition il y a en
nous pour la vertu ou pour le vice.

Secondement, parce qu'elles ignorent l'obligation qu'vn chacun a de
procurer le ſalut de ſon prochain.

Tiercement, parce qu'elles eſti-
ment comme paradoxe, de dire qu'il
faille pleurer & faire penitence pour
les pechez d'autruy, meſmes de ceux
auſquels on n'a iamais donné occaſion de pecher.

Quatrieſmemement, parce qu'elles
ignorét que les peines dans les enfers,
de ceux qui ont donné à autruy occaſion de pecher, s'augmentent de
plus en plus à proportion qu'il y a des

personnes au móde, qui pour le mauuais exemple receu d'eux commettent de nouueau quelque peché.

Cinquiefmement, par ce qu'elles
ignorent encor combien sont dan-
gereuses les maledictions contre elles fulminées par les personnes qui à
leur occasion sont tombées en quelque peché mortel.

Finalement, parce qu'elles ne con-
siderent pas la grande obligation
qu'elles ont d'estre tousiours enfer-
mées (comme parle saincte Catherine de Siëne en son *Dialogue*) dans le
secret cabinet de l'humble cognoissance de Dieu & d'elles mesmes.

Or combien ces femmes sont a-
ueuglées, & combien leurs raisons
sont friuoles & inexcusables deuant
Dieu ; ie leur vay faire sçauoir par les
chapitres suiuans.

S. MARIA MAGDALENA.

Vanitas Vanitatum et omnia Vanitas Ecclestastes 1

Mathæus excud.

DISCOVRS

PARTICVLIER CONTRE
LES FEMMES DESBRAILLEES
de ce temps.

CHAPITRE PREMIER.

Du Scandale & bon exemple.

E scandale proprement
est, quand on fait ou ob-
met quelque actiõ, dont
vn autre prend occasion
de pecher. Or il y en a de deux sortes. L'vn se nomme *Pharisäique* :
L'autre, *des petits*. Le scandale *Pharisäique* est, quand on fait ou obmet
quelque action, dont vn autre prend

occaſion de pecher par vne pure &
noire malice. Comme (par exemple)
quand les Phariſiens (d'où eſt tiré ce
mot , *Phariſaïque*) blaſphemoient
voyans noſtre Seigneur preſcher &
faire des miracles : Ou bien, quand
vn heretique blaſpheme, fait des iu-
gemens temeraires , & detracte des
Catholiques qu'il voit honorer les
images des Sainⁿts & Sainⁿtes, & a-
dorer le tres-ſainⁿt Sacrement de
l'Autel : Ou bien encor, quand les
Payens blaſphement, font des iuge-
mens temeraires , & detractent des
meſmes Catholiques qu'ils voyent
ne vouloir honorer ny adorer leurs
idoles.

Le ſcandale *des petits* eſt, quand
on fait ou obmet quelque action
dont vn autre prend occaſion de pecher par pure fragilité, & comme à
regret. Comme (par exemple) quand

les personnes de quelque famille ou communauté se detraquent du bon train de vie, & s'addonnent aux vices, à cause qu'ils voyent leurs Superieurs mesmes estre desbordez & vicieux, ou bien, ne pas chastier leurs inferieurs qu'ils recognoissent estre desbordez & vicieux.

Or il n'y a point de peché à causer le scandale *Pharisaïque*, pourueu que par l'action qu'on fait ou obmet on n'ait point intention de le causer: Comme il appert en ce que nostre Seignr mesmes ne laissa pas de prescher & faire ses miracles en la presence des Pharisiens, qui prenoient de là occasion de blasphemer dauantage contre luy par vne pure & noire malice: D'où vient qu'il dit parlant d'eux auec mespris: [Laissez-les là, ils *Matt.15.* sont aueugles, & guides des aueugles.]

Mais à causer le scandale *des petits,*

tant par quelque action mesmes de
foy bonne & vertueuse (non toutefois commandée,) que par l'obmissió
d'icelle, ou bien par quelque action
mauuaise & vicieuse, il y a tousiours
peché mortel ou veniel, selon qu'est
le peché que commet celuy qui préd
de tel scandale occasion de pecher;
encor que celuy qui cause ce mesme
scandale, n'ait nullement intention
de l'exciter à pecher. Or que cela soit
ainsi, il est manifeste chez les Do-
D. Tho. cteurs, & ie le vay encor presentemét
2. 2. qn. monstrer par plusieurs passages de
43 art. 7. l'Escriture & des saincts Peres.
& 8.

Et premierement nostre Seigneur
Mat. 18. dit dans l'Euangile : [Gardez vous
bien de scandaliser l'vn de ces petits
qui croyent en moy, parce que leurs
Anges voyent tousiours la face de
mon Pere qui est au ciel.] C'est à dire, Gardez vous bien par vostre mau-

uais exemple de donner occasion de
pecher à ceux-là qui sont fragiles;
parce qu'ils ont leurs Anges gardiens
qui sont comme leurs tuteurs & pro-
recteurs, & qui voyent tousiours la
face de mon Pere qui est au ciel, &
par consequent qui luy rapporterõt
le tort & l'iniure que vous leur fe-
rez. D'où sainct Hilaire tire cette
consequence: [Donc c'est vne chose *Cant. 18.*
bien perilleuse de mespriser celuy *in Matt.*
dont les desirs & pricres sont portées
au Dieu eternel & inuisible par le
ministere ambitieux & majestueux
des Anges.] Et certes, sainct Hierof- *Epist. ad*
me raconte vne histoire espouuen- *Eatam*
table de cecy, presque en ces termes: *de iust.*
[Il estoit vne grande Dame nom- *filia.*
mée Pretextate: Elle auoit son mary
nommé Hymetius, & vne niepce
nommée Eustochium. Cóme cette
grande Dame pour obeïr à son ma-

ry ornoit mondainement sa niepce,
l'Ange gardien de cette fille luy apparut, difant: Commét mal-heureufe
que tu es , ofe-tu preferer le com-
mandement de ton mary à celuy de
Dieu? Comment ofe-tu de tes mains
facrileges toucher la tefte de cette
fainéte vierge? Sçache que pour punition de ton peché tes mains de-
uiendrót feiches & arides , & au bout
de cinq mois tu mourras & feras dá-
née : Et fi auparauant ce temps tu
perfiftes toufiours en ton peché, ton
mary mourra,& tes enfans auffi.] Ce
que fainét Hierofme dit luy eftre arriué ainfi de poinét en poinét.

Dauantage, il eft encor dit dans
l'Efcriture : [Garde toy bien de mettre quelque empefchement deuant
l'aueugle, parce qu'il fe blefferoit in-
continant.] C'eft à dire, Garde toy
bien de donner quelque occafion de

pecher à celuy qui eſt fragile, parce
qu’il ſ’y lairroit facilement aller. Et
derechef : [Mal-heur à celuy par qui *Mat.18.*
ſcandale aduient. Malheur au mon-
de à cauſe des ſcandales qui ſ’y donnent.] Et encor : [Si quelqu’vn ſcan- *Ibidem.*
daliſe l’vn de ces petits qui croyent
en moy, il eſt neceſſaire qu’on luy
attache vne meule de moulin au col,
& qu’on le jette ainſi au profond de
la mer.] Voila donc ce que meritent
ceux & celles qui donnent à autruy
occaſion de pecher. Sainct Paul dit:
[Si ton frere eſt côtriſté pour te voir *Rom.14.*
manger de la viande, tu ne chemines
plus ſelon charité] Comme voulant
dire, dés lors tu as perdu la grace de
Dieu, & es en eſtat de peché mortel.
Et derechef: [Garde toy bien en mã- *Ibidem.*
geant de la viande(ou autrement,par
ton mauuais exemple) de perdre celuy pour qui Ieſus-Chriſt eſt mort.]

Où il faut remarquer deux choses.
Premierement le peu d'eſtime que
font de la paſſion de noſtre Seigneur
ceux qui donnent à autruy occaſion
de pecher : de ſorte qu'ils ſemblent la
vouloir [meſpriſer;ſoüiller, & fouler
aux pieds ſon precieux ſang (comme
parle ſainct Paul,) & le rendre inutil.]
En ſecõd lieu, on remarquera le peu
d'eſtime que font ces meſmes per-
ſonnes-là du ſalut des ames: En quoy
elles ſe trompent grandement. Car ſi
vn lapidaire(par exemple)tres-expert
en ſon meſtier, achetoit vne pierre
cent mil piſtoles, ne iugerions nous
pas qu'elle ſeroit bien excellente; veu
que nous ſçaurions que ce lapidaire
ne pourroit pas s'eſtre trompé en l'a-
chetant ? Or S. Paul inſpiré du ſainct
Eſprit, dit que Ieſus-Chriſt a racheté
noſtre ame d'vn grand prix : Car il
dit,[vous eſtes rachetez de grãd prix:]

1.Pet.2.
& Heb.
10.
Hebr.6.

1.Cor.6.

Donc nous deuons grandement esti-
mer le salut de noſtre ame & de celle
de noſtre prochain, & par conſequét
le preferer à tous les biens du monde:
veu que d'ailleurs nous ſommes aſ-
ſeurez que Ieſus Chriſt ne peut pas
ſ'eſtre trompé en nous rachetant; at-
tédu [qu'en luy (comme dit le meſme *Coloſſ. 2.*
Sainct) eſt caché le treſor de toute
ſcience & ſapiéce.] Et pour cette rai-
ſon il dit ailleurs: [Bleſſans la cóſcien- *1. Cor. 8.*
ce tendre de vos freres, vous pechez
cótre Chriſt.] Et derechef: [Si la vian- *Ibidem*
de ſcádaliſe mon frere, i'aime mieux
m'abſtenir eternellement d'en manger, afin de ne le point ſcandaliſer.]

Cecy nous eſt encor ſignifié dans
l'Exode, où il eſt dit: [Si quelqu'vn *Exod. 21.*
creuſe vne ciſterne, & ne la couure
point, de ſorte que par aprés il vien-
ne quelque bœuf ou aſne à tomber
dedans, celuy qui aura creuſé telle

cisterne en respondra, & le payera.]

De plus, ceux qui scádalisent leurs prochains sont comme les instru-mens du diable, pour attirer les ames à luy ; au lieu de seruir d'instrumens à Dieu, pour les luy attirer. Ce n'est pas là obseruer l'enseignement de sainct Paul, par lequel il nous commande d'estre tousiours [vne bonne odeur de Iesus-Christ à Dieu.] C'est à dire, que tout ainsi que les corps odorife-rans (comme, par exemple, vne rose) recréent par leur odeur ceux qui sont presens : De mesme par nostre bon exemple nous edifiós nos prochains. On ne peut croire combien le bon exemple a de pouuoir pour attirer les ames à la pieté & deuotion. Il est rap-porté de saincte Colete (tres-digne reformatrice de l'Ordre de saincte Claire,) & aussi de saincte Marie d'O-gnie, que comme plusieurs ieunes hommes

2. Cor. 2.

Apud Surium, tom. 7. in vitis Il-larum.

hommes grandement diffolus & dé-
bauchez , & entr'autres vn certain
Ecclefiaftique de Cambray auffi grá-
dement débauché, les veirent marcher auec vn maintien fi grave,&vne
modeftie fi honnefte ; auffi toft ils
fondirent en larmes pour la grande
contrition de cœur qu'ils conceurent
fur le champ de leurs pechez. D'où
vient que dés lors ils fe reformerent,
& vefquirent fainctement le refte de
leur vie; tant eftoit grande & efficace
la grace du fainct Efprit,qui de la ple-
nitude du cœur de ces deux grandes
Sainctes redondoit en leur face, en
leur maintien,& en leurs actions.

Au demeurant, nous auons encor
prou d'autres paffages dans l'Efcriture, qui nous commandent d'edifier
nos prochains par bon exemple. Có-
me (par exemple) où il eft dit : [Que i.*Cor.*14.
toutes chofes fe faffent pour l'edifi-

Rom.15. cation du prochain.] Qu'vn chacun de vous s'estudie de plaire à son prochain en bien pour son edification.]

Tit.2. En toutes choses monstre toy comme vn exemple de bonnes œuures, en doctrine, en integrité, en grauité, de sorte qu'il ne sorte de ta bouche que des paroles saines, & qui ne soient

1.Tim.4. dignes d'aucune reprehension.] Serts de bon exemple aux fideles par ta parole & par ta conuersation, de sorte que ta vertu leur soit manifestée.]

Rom.12. Faites des bonnes œuures non seulement deuant *Dieu*, mais encor de-

Luc.11. uant tous les hommes.] Que vostre lumiere luise tellement deuant les hommes, qu'ils voyent vos bonnes œuures, & glorifient vostre pere qui

Philip.2. est és cieux.] Soyez sans aucun reproche au milieu d'vne nation meschante & peruerse.] Que vostre modestie

Philip.4. soit cognuë de tous.] &c.

Or maintenant, de fçauoir fi les femmes pour fe monftrer defbraillées caufent le fcandale *des petits*, & par confequent pechent mortellement ou veniellemét feulement;c'eft ce que i'examineray plus bas au chapitre feptiefme.

CHAPITRE II.

Du foin qu'on doit auoir du falut de fes prochains.

CEcy nous eft expreffémét commandé en plufieurs endroits de l'Efcriture. Et premierement où il eft dit : [Dieu a donné charge à vn cha *Eccli.17.* cun de fon prochain.] Et derechef: [Si ton frere peche, corrige-le.] Et *Mat. 18.* encor: [Nous deuons expofer noftre *1.Ioan.3.* propre vie pour le falut de nos frees.] Dieu mefmes a eu vn tel foin du alut de nos ames, qu'il a enuoyé icy

Ioan.3. bas son fils vnique, afin de s'incarner
& endurer vne mort tres-douloureu-
se & tres-ignominieuse sur l'arbre de
la croix pour luy. De là vient que
Moise pour le grand zele qu'il auoit
à son imitation du salut de son peu-
Exod.32. ple, disoit:[Ou pardonnez, Seigneur,.
à ce peuple cette faute : ou effacez
moy du livre de vie, dans lequel vous
m'avez escrit.] C'est à dire, privez
moy plustost du Paradis &de la gloire eternelle. Et Dauid voyant que
2.Reg. Dieu affligeoit son peuple : [C'est
vlt. moy qui ay peché, c'est moy qui ay
fait iniustement : ceux-là qui sont
des moutons,qu'ont-ils fait? Ie vous
prie donc, Seigneur, tournez vostre
main à l'encontre de moy.]Et sainct
Rom.9. Paul : [Ie desirois estre fait anatheme
pour mes freres:]c'est à dire,estre pri-
ué de la grace de Dieu. Ce n'est pas
qu'il desirast cela absolument , veu

qu'il dit ailleurs ; [Nulle creature ne me pourra iamais feparer de l'amour en Iefus Chrift.] Mais il vouloit feulement fignifier par cette façon de parler, qu'il eftoit preft d'endurer pour le falut de fes freres tous les tourmens qu'endurent & peuuent endurer ceux qui font privez de la grace de Dieu, comme font les damnez.

Le mefme difoit encor : [Ie fuis *Philip. 1.* tourmenté de deux grands defirs: L'vn, d'eftre deflié de ce corps, & eftre avec Iefus Chrift; & cecy me feroit bien meilleur : parce que ie ferois hors le danger de pecher & d'eftre reprouvé. L'autre defir dont ie fuis tourmenté, eft d'eftre toufiours avec mes freres, afin de les exhorter à la pieté & deuotion : & celuy-cy ne me feroit pas fi bon ; parce qu'eftant avec eux ie ferois toufiours dans le danger de pecher & d'eftre reprouvé.

Mais pourtant, pour le grand zele
que ie porte à leur ſalut, i'aime
mieux eſtre encor auec eux, afin de
les exhorter à la pieté & deuotion, &
par-ainſi eſtre dans le danger de pecher & d'eſtre reprouué: que non pas
eſtre deſlié de ce corps, & eſtre auec
Ieſus-Chriſt, & par-ainſi eſtre hors le
danger de pecher & d'eſtre reprouué. Sur quoy ſainct Chryſoſtome:
[Quoy? qu'eſt-ce là? où eſt l'eſprit
de ſainct Paul? il ne luy eſt iamais arriué choſe pareille, ny ne luy peut ar-
riuer: de dire, qu'il aime beaucoup
mieux eſtre touſiours auec ſes freres,
afin de les exhorter à la pieté & deuotion, & par-ainſi eſtre touſiours
dans le danger de pecher & d'eſtre
reprouué; que non pas eſtre deſlié de
ſon corps, & eſtre auec Ieſus Chriſt,
& par ainſi eſtre hors le danger de
pecher & d'eſtre reprouué.]Et certes,

qui feroit le marchand qui ayant fon nauire chargé de marchâdife, & eſtât heureuſement arriué au port, vou-droit de nouueau retourner fur la mer, pour fe mettre en dâger de per-dre fa marchandife? Qui feroit le fol-dat, qui eſtant preſt d'eſtre couronné voudroit de nouueau retourner au combat, & fe mettre en danger de perdre fa couronne ? Ou qui feroit encor le foldat, qui eſtant preſt d'ar-riuer auec triomphe en fa maifon, & de ioüir de l'abondance de toutes chofes, voudroit de nouueau retour-ner à la guerre pour endurer la fueur & fatigue, & expofer fa vie à mil for-tes de dangers ? Et neantmoins c'eſt ce qu'a fait fainct Paul, [recherchant *Philip.2.* pluſtoſt (comme il dit luy-mefme) l'intereſt de fes freres , que le fien *Lib. de* propre.] *via ad perfect.*

Saincte Thereſe à fon imitation *cap.*

auoit encor vn si grand zele du salut
des ames, qu'elle nous a laissé par escrit, que non seulement elle estoit
preste en tout temps d'exposer sa vie,
mais mesmes d'endurer toutes les
peines du purgatoire iusques au iour
du iugement dernier pour le salut
d'vne seule, s'il eust esté possible par
ce moyen.

Die 11.
Nouēb.
Pareillement sainct Martin Euesque de Tours, estant à l'article de la
mort, poussé du mesme zele, a dit:
[Seigneur, si ie suis encor necessaire à
vostre peuple, ie ne refuse point le
trauail: que vostre volonté soit faite.]

Sur.16.
Martij,
B.Ephrē.
Il est rapporté d'vn certain hermite nommé Abraham, qu'il quitta son
hermitage, & son habit d'hermite,
prenant celuy de gendarme, & s'en
alla courir bien loin en diuerses con-
trées, pour trouver sa niepce Marie,
qu'il sçavoit mener depuis environ

deux ... vne vie licentieuse & dé-
bordée ... la ramener au droit sen-
tier ... vertu : voire mesmes aussi
que ... rencõtrée en vne hostel-
lerie, afin de la pouuoir plus facilement ... ire à son sainct dessein, il
se ... e manger de la viande a-
uec elle, encor que depuis enuiron
cinquante ans il s'en fust auparauant
abstenu.

Et de saincte Catherine de Sienne,
qu'elle auoit accoustumé de baiser
les pas par où les Predicateurs & Cõ-
fesseurs auoient passé; & que quand
on luy demandoit la raison pourquoy elle faisoit cela, elle respondoit
que c'estoit à cause qu'ils auoient de
coustume de cooperer au salut des
ames.

Et finalement en la vie de saincte
Marie d'Ognie, que sa mere mesmes
luy apparut aprés sa mort, luy decla-

Iacobus de Vitriaco, c.11.l.3.

rant qu'elle eſtoit damnée pour deux
cauſes. Premieremét, pour auoir pris
du bien d'autruy iniuſtement. Secondement, pour auoir negligé du-
rant ſa vie le ſalut de ſes domeſtiques.

Or maintenant, femmes, puis que
vous deuez conceuoir vn ſi grand zele du ſalut de vos prochains ; combien à plus forte raiſon deuez-vous
auoir grand ſoin d'oſter en vous tout
ce qui leur peut donner occaſion de
tomber en quelque peché mortel ou
veniel, & par conſequét d'auoir touſiours voſtre ſein, voſtre col, & vos
bras cachez & couuerts ?

CHAPITRE III.

Qu'il faut pleurer, & faire penitence pour les pechez d'autruy.

CEcy femblera paradoxe à plufieurs ; mais pourtant, ie le vay
prouver clairement par plufieurs té-
moignages de l'Efcriture fainĉte. Et
premierement Ieremie difoit : [Qui *Ierem. 9.*
dõnera de l'eau à mon chef, & à mes
yeux vne fontaine de larmes ; & ie
pleureray iour & nuiĉt les meurtres
qui ont efté faits.] Dauid:[Mes yeux, *Pfal. 118.*
Seigneur, ont jetté vne riuiere d'eau,
à caufe que les pecheurs n'ont point
gardé voftre loy.] Le mefme : [Ie fuis *Ibidem.*
tombé en defaillance à caufe des pecheurs qui ont quitté voftre loy.] Et
derechef ayant fceu que fon fils Abfalon eftoit mort en fes pechez:[Ab- *2. Reg. 18*
falon mon fils, mon fils Abfalon,

qui eſt-ce qui me pourra faire cette
grace, que ie puiſſe mouri pour toy?]
C'eſt à ſçavoir, pour le delivrer de ſes
pechez, & de la mort. Où il faut remarquer, comme pour l'extreme angoiſſe de ſon cœur il repete par deux
fois & àrebours ces paroles, Abſalon
mon fils, mon fils Abſalon. De meſ-
2. *Reg.* 1. me encor, ayant ſceu que Saül eſtoit
mort en peché mortel, il eſt dit qu'il
en a eu tres grand dueil. Iſaïe par-
Iſai.16. lant des Moabites qui eſtoient enne-
& 21. mis de Dieu, & auoient eſté mal-
heureuſement tuez en leurs pechez,
dit : [Sur ce ie pleureray en dueil.] Et
vn peu aprés il adiouſte:[Sur ce mon
ventre raiſonnera comme vne harpe
envers Moab.] C'eſt à dire, ie tireray
de mon ventre des ſanglots & ſouf-
pirs tres-grands ſur ſa mort. Ailleurs
Ezech.9. Dieu dit à Ezechiel : [Paſſe par le milieu de la cité au milieu de Ieruſalem,

& imprime la lettre T (qui eſt la fi-
gure de la croix)ſur le front des hommes qui pleurent ſur toutes les abo-
minations & meſchancetez qui ſe
commettent au milieu d'icelle.]C'eſt
àſçavoir, ceux-là eſtoient marquez
comme pour ce deſtinez à la gloire.
eternelle, & comme eſtans grandement agreables à Dieu, leſquels pleu-
roient les pechez d'autruy. Sainᴄt
Paul : [I'ay vne grande triſteſſe & *Rom.6.*
vne continuelle douleur en mon
cœur, & pour ce meſmes i'ay deſi-
ré eſtre fait anatheme pour mes freres.] Il dit encor, qu'il a pleuré *1.Cor.11.*
[ſur tous ceux qui n'ont point fait
de penitence de leur immondice &
fornication.] · Et derechef : [Plu- *Philip.2.*
ſieurs marchent dont i'ay deſia par-
lé, & parle encor à preſent la lar-
me à l'œil, ennemis de la croix de
Ieſus-Chriſt, leſquels n'ont point

d'autre *Dieu* que leur ventre.] Et en l'Epiftre aux Corinthiens : [Auec beaucoup de tribulatiõ & beaucoup d'angoiſſe de cœur coniointe auec beaucoup de larmes ie vous ay eſcrit: afin que vous ſçachiez combien eſt grande & abondante la charité que i'ay enuers vous.] Et ailleurs eſcriuant aux meſmes : [Qui eſt ce qui eſt ma-lade, que ie ne ſois auſſi malade? Qui eſt ſcandaliſé, que ie ne bruſle auſſi en moy-meſme ?] De là vient que S. Chryſoſtome a dit que perſonne n'a iamais tãt pleuré ſes propres pechez, que ſainct Paul a pleuré ceux d'au-truy. Pareillement lors que preſque tout le peuple d'Iſraël couroit aprés les faux Dieux, il eſt dit que le ſeul Helie [eſtoit caché en vne caverne, zelé du zele pour le Seigneur Dieu des armées, parce qu'ils auoiét rom-pu l'accord de leur Seigneur.] Dere-

chef comme le peuple d'Iſraël pour
ſes pechez eſtoit detenu en captivité
depuis ſoixante & dix ans entiers, il
eſt dit de Daniel (qui eſtoit iuſte, veu
que pour cette raiſon il eſt appellé
dans l'Eſcriture, L'homme des deſirs *Dan.9.*
de Dieu, qu'il a tourné ſa face vers le
Seigneur Dieu, & l'a prié inſtammēt
couuert de cendre, d'vn ſac, & ieuſ-
nant, afin qu'il pardonnaſt les pechez de ce peuple, & le retiraſt de la
captiuité où il eſtoit.

Nous liſons de ſainct Domini-
que, que toutes les nuicts ordinairement il ſe diſciplinoit iuſqu'au ſang
par trois diverſes fois. La premiere,
pour ſes propres pechez : la ſeconde,
pour ceux d'autruy : & la troiſieſme,
pour les ames du purgatoire. *Apud*
Thom:
Et de ſaincte Chriſtine, encor pour *Canti-*
ſatisfaire aux pechez d'autruy, qu'elle *prat.&*
auoit accouſtumé tantoſt de ſe jetter *Sur. 13.*
Iun:j.

dans vn four ardant , tantost de se
veautrer nuë sur les espines, tantost
de se plonger encor nuë dans les neiges & glaces, & tantost de s'exposer
aux bras tournoyans des moulins,
afin que par ce moyen son corps fust
déchiré & meurtri de coups.

Comme aussi de saincte Leugar-
de vierge, qu'elle a ieusné & fait penitence l'espace de quatorze ans entiers pour les pechez de tout le monde (selon que nostre Dame mesmes
luy auoit commandé en vne parti-
culiere apparition:)C'est à sçauoir,en
ne mangeant qu'vn peu de pain, &
ne beuvât que de la biere és sept pre-
miers ; & és sept autres en ne mangeant encor qu'vn peu de pain auec
quelque peu d'herbes.

Or maintenant, puis qu'vn chacun est obligé de pleurer & faire penitence pour les pechez d'autruy:
combien

In vita
eius a-
pud Sur.
tom.3.
p.661.
Item,16.
Iunÿ.

combien sont effrontées les femmes
qui non seulement ne pleurent pas,
ny ne font point penitence pour les
pechez de leurs prochains : mais au
contraire les induisent & excitent à
pecher en leur monstrant leur col &
leur sein nud, auec vne grande partie
de leur dos & de leur bras découuerte?

CHAPITRE IIII.

*Que les femmes desbraillées sont sorties
du secret cabinet de l'humble cognoissance de Dieu & d'elles-mesmes.*

Qvand on voit par les ruës ou
dans les Eglises, ou ailleurs vne
femme monstrant son sein nud, on
peut bien asseurément dire d'elle ce
que saincte Catherine de Siène auoit *In Dial.*
accoustumé de dire des Religieux &
autres personnes Ecclesiastiques qui
ne se peuuent tenir en leur chambre,

C

ains defirent toufiours aller dehors
courir çà & là fans caufe. C'eft à fçauoir, qu'elle eft fortie du fecret cabinet de l'humble cognoiffance de
Dieu & de foy-mefme. Car commét
eft-ce (ie vous prie) qu'vne femme
accouftrée de telle façon pourroit
penfer à adorer la prefence de Dieu?
Comment eft-ce qu'elle pourroit
f'eftudier à correfpondre à cette lon-
gueur, largeur, hauteur, & profon-
deur de la charité que noftre Seigñr
nous a tefmoigné par fa paffion; à
Ephef.4. quoy neantmoins fainct Paul nous
exhorte, quand il nous inuite à bien
comprendre auec tous les Saincts la
grandeur de cette charité? Comment
eft-ce qu'elle feroit perpetuellement
occupée à remercier Dieu de tous fes
benefices temporels & fpirituels, lefquels font infinis? Comment eft ce
encor qu'elle pourroit eftre occupée

à déplorer perpetuellement ſes pechez paſſez, & à en faire continuelle
penitence ? Comment eſt-ce qu'elle
ſ'eſtudieroit perpetuellement à offrir
à Dieu ſon corps, ſon ame, & tout ce
qu'elle a, ſoit interieur, ſoit exterieur;
veu que toute ſa penſée eſt ordinairement occupée à ſon ſein, à ſon viſage, à ſa coiffure, à ſes habits, à ceux
qui la regardét, & à vne infinité d'autres niaiſeries, folies, & ſottiſes ? De
ſorte que ſon eſprit ainſi occupé eſt
ſemblable à vn oignõ qui n'eſt quaſi
compoſé que de pelures inutiles, ou
à vne chambre pleine de toiles d'arai-
gnées qui ne ſervent à rien. En quoy
elle eſt vrayement vne apoſtat, vne
larronneſſe, & vne ſacrilege. Car elle
dérobe à Dieu la penſée par laquelle
elle doit adorer ſa ſaincte preſence:
la penſée par laquelle elle doit re-
chercher les occaſions de correſpon-

dre à ſa paſſion douloureuſe par la
mortification de tous ſes ſens & ſen-
timés interieurs & exterieurs : la penſée par laquelle elle le doit remercier
de tous ſes benefices, la penſée par laquelle elle doit luy demáder pardon
de tous ſes pechez paſſez: bref la penſée par laquelle elle doit luy offrir
tout ce qu'elle eſt & tout ce qu'elle a.

Au reſte, ces femmes deſbraillées
ſont bien eſloignées d'imiter ſaincte
Macrine, laquelle comme il luy fuſt
arrivé vn mal au tetin qui la mena-
çoit de la gangrene, aima mieux ſ'ex-
poſer au danger manifeſte de tel in-
conuenient & de la mort meſmes en
le cachant, que non pas le monſtrer
à vn Chirurgié pour en eſtre penſée:
Ce que Dieu luy teſmoigna auoir
agreable, attendu que ſa mere lors en
faiſant à ſon inſtance le ſigne de la
croix ſur ſon mal, le guerit miracu-

19.Iulÿ.

leusement. Or ie veux que cecy soit plus à admirer qu'à imiter. Si est-ce que la cause pourquoy cette Saincte faisoit difficulté de monstrer son mal à vn Chirurgien ou Medecin, estoit parce qu'elle estoit tres-estroitement enfermée interieuremét & exterieurement dans le secret cabinet de l'húble cognoissance de Dieu & de soy-mesme en la maniere susdite.

Elles sont encor bien esloignées d'imiter cette autre Saincte qui disoit: [Perisse ce corps qui a peu plaire aux yeux des hommes.] Car au contraire, toute leur estude n'est qu'à s'attifer & parer pour plaire aux yeux tant des hommes que des autres femmes. En quoy elles quittent (aveuglées qu'elles sont) le Createur pour la creature, le bien infini pour le bien fini, & la verité pour le mensonge.

Finalement, ie vous laisse à penser si

le diable (qui a accouſtumé de peſ-
cher en eau trouble) parmy tout ce
tracas ſ'oublie à bien ioüer ſon roolle
& ſon perſonnage. Il eſt à croire que
tout ainſi que l'oiſeleur, quand il voit
la terre couuerte de neiges, en ſorte
que les oiſeaux & autres animaux ne
peuuent rien trouuer à manger, lors
principalement tend ſon rets & ſes
appas pour les attraper : De meſme,
quand le diable voit vne perſonne
addonnée à la vanité, en ſorte qu'elle
ne ſe peut repaiſtre des choſes ſpiri-
tuelles: c'eſt lors principalement qu'il
tend ſes pieges pour la ſurprendre, &
la faire tomber à la traverſe en quelque ſorte de peché mortel. Mais particulierement quand il voit vne femme ſe plaire à ſe monſtrer deſbraillée
pour donner de l'amour ; c'eſt lors
qu'il attiſe & renouuelle en elle les
feux amortis de la ſenſualité : veu

principalement que (selon le B. Fran-
çois de Sales) il est impossible de dó-
ner volontairement de l'amour sans
en receuoir, & de vouloir tenter autruy sans se sentir quant & quant soy
mesme tenté. En quoy nous sommes
faits semblables à l'herbe nommée
Aproxis: Car tout ainsi que cette herbe (selon qu'enseigne ce mesme grãd
personnage) au seul aspect du feu
s'enflamme : de mesme nos cœurs
voyans le feu de concupiscence brûler en autruy, aussi tost le conçoiuent
en eux-mesmes.

Introd.
part. 3.
chap. 18.

Ibidem.

CHAPITRE V.

*Que la nudité du sein feminin est ex-
preßément blasmée par l'Escriture saincte.*

CEcy se manifeste en plusieurs
endroits. Premieremét, le Pro-

phete Ieremie parlant auec mespris
de quelques femmes de mauuais re-
nom, dit : [Elles ont monstré leur
mammelle nuë.] Et Isaïe : [Elles ont
marché monstrás vn grád col nud.]
Et Ezechiel parlant à vne certaine
autre de pareille farine : [Tes mammelles auoiét grossi, & tu estois nuë;
& pour ce pleine de confusion.] Et
ailleurs il nomme les mammelles des
femmes, *vn lict*; comme (par exemple) où il dit:[Les enfans de Babylone
sont venus vers elle au lict des mammelles.] C'est à sçauoir, par ce que les
mondains ont de coustume de repo-
ser leurs regards lascifs sur ces mammelles comme sur vn lict.

Pareillemét le Prophete Ozée dit:
[Qu'elle oste ses adulteres du milieu
de ses mammelles.] Et Salomon : [Il
estoit vne féme accoustrée en cour-
tisane(c'est à sçauoir,principalement

en tant qu'elle monſtroit ſon ſein nud,) preparée pour ſurprendre les ames.] Où il rapporte que voulant ſeduire vn ieune homme, elle luy dit: [Venez, enyurõs-nous de nos mam- *Ibidem.* melles.]C'eſt à dire, prenons y toutes ſortes d'eſbats, de contentemens, & de paſſe-temps.

Au reſte, tant ſ'en faut que l'Eſcriture ſainᶜte permette la nudité du ſein feminin; qu'au contraire ſainᶜt Paul commande expreſſément à la femme d'avoir en l'Egliſe [vn voile *1.Cor.11.* ſur la teſte à cauſe des Anges :] c'eſt à dire, des Preſtres. Et derechef il dit ainſi : [Ie veux que les femmes ſoient *2.Tim.2.* en habit decent, ſe parans auec ver-gongne & ſobrieté, ſans ſe friſer les cheveux, ſans or, ſans pierreries, & ſans aucun habillement trop ſom-ptueux; mais ſelon qu'il eſt convena-ble aux femmes demonſtrans la pieté par leurs bonnes œuures.] Pareil-

lemét sainct Pierre defend aux mesmes femmes [d'auoir vne chevelure de dehors,] c'est à dire empruntée (à sçauoir, outre la coustume des honnestes & vertueuses Dames.) Et le sufdit sainct Paul dit encor : [Abstenez vous de tout ce qui a apparence de mal.] Or maintenant, si dauanture nous deuons nous abstenir de tout ce qui a apparence de mal : combien à plus forte raison se doiuent abstenir les femmes de monstrer leur sein nud ? veu que telle demonstration non seulement a apparence de mal, mais mesmes est vn vray mal & peché, comme ie l'ay demonstré par l'Escriture saincte, & le prouueray encor par aprés plus amplement.

Finalement, sainct Cyprian parle ainsi à la femme desbraillée: [Tu ne te peux excuser, comme si tu estois

chaste & pudique d'esprit : Ton ac-
couſtrement meſchant & impudi-
que te dément. Car (comme dit le
Sage) l'habillement du corps, & le ris *Eccli.19.*
des dents,& l'allure de l'homme mõ-
ſtre quel il eſt. Ou il faut parler (adiouſte ſainct Hieroſme)comme nous *Epiſt. ad*
ſommes veſtus, ou ſe veſtir comme *Furiam.*
nous parlons : Pourquoy voulons-
nous monſtrer d'vn, & faire entendre d'autre ? la langue diſcoure de la
chaſteté, & cependant tout le corps
ne demonſtre qu'impudicité.] Et
ſaincte Agathe parlant auſſi des meſ- *3.Febr.*
mes femmes deſbraillées & ſcanda-
leuſes, dit [qu'elles font plus de tort
en vne ville, que ſi on y mettoit le
feu aux quatre coins , ou empoiſon-
noit les fontaines publiques dõt tout
le monde boit.] Et certes, d'où pen-
ſons nous que ſont cauſées toutes ces
guerres, peſtes,& famines qu'on voit

souuent en France, finon des pechez
qui y regnent, lefquels ordinairemét
prennét leur naiffance de cette mau-
dite nudité du fein feminin?

CHAPITRE VI.

De deux certains grãds maux, au dan-
ger defquels s'expofent ceux & cel-
les qui donnent à autruy occafion de
pecher, comme font particulierement
les femmes desbraillées.

IL y a deux certains grands maux,
au dáger defquels s'expofent ceux
& celles qui donnent à autruy occafion de pecher. C'eft premierement,
que fi dauanture il arriuoit qu'ils fuf-
fent damnez, leurs peines dans les enfers augmenteroient tous les iours à
proportió qu'il y auroit d'autres perfonnes au monde, qui pour le fimple

reſſouuenir du mauuais exéple qu'elles auroient receu d'eux tomberoient
en quelque ſorte de peché mortel ou
veniel. Comme(par exemple)parce
que Calvin a eſcrit des livres contre
la Religion Catholique, maintenant
qu'il eſt en enfer,ſes tourmens s'augmentent & croiſſent tous les iours à
proportion qu'il y a des perſonnes au
monde, qui en liſant ſes venimeux
eſcrits ſe pervertiſſent. Et cecy nous
eſt ſignifié dans l'Eſcriture, où il eſt
dit que le mauvais riche eſtant en en- *Luc.16.*
fer demandoit àDieu,qu'il luy pleuſt
envoyer quelque grand Prophete à
ſes freres qui eſtoient au monde, afin
de les inſtruire, & par ainſi empeſ-
cher qu'ils n'arrivaſſent au meſme
lieu des tourmés avec luy. Car ce qui
excitoit ce mauvais riche à faire telle
demande à Dieu, n'eſtoit pas la charité qu'il portaſt àſes freres,veu que

les damnez n'ont aucune charité, ſelon qu'il eſt dit : [La ſuperbe de ceux
qui vous haïſſent monte touſiours:]
c'eſt à dire, va touſiours en croiſſant
& en augmentant. Mais ſeulement
c'eſtoit, parce qu'il ſçavoit bien qu'à
proportiõ que ſes freres pecheroient
à cauſe du mauvais exẽple qu'il leur
auoit laiſſé, ſes peines & tourmens
ſ'augmenteroient & croiſtroient en
enfer d'autant plus.

Il y a encor vne autre reuelation
de cecy dans ſaincte Brigide. Car elle
rapporte qu'vne certaine femme dã-
née pour auoir enſeigné à practiquer
à ſa fille ce contre quoy maintenant
i'eſcris, c'eſt à ſçauoir, à ſ'habiller diſ-
ſolument & mondainement: ſ'appa-
rut à elle comme ſortant d'vn lac te-
nebreux, ayant le cœur arraché du
ventre, les lévres entierement cou-
pées, le nez tout rongé, les yeux arra-

chez de la teste & pendans sur les
jouës, la poictrine couverte de gros
vers, & avec des cris & lamentations
espouventables se plaignât de sa fille, & (comme si elle eust parlé à elle)
disant: [Entens ma fille & venimeuse
lezarde! malheur sur moy de ce que
i'ay esté ta mere. Car toutes & quan-
tes fois que tu imites & ensuis les œuures de mes meschantes coustumes
(c'est à dire, que tu pratiques les vanitez & pechez que ie t'ay enseignez,)
autant de fois ma peine est renouvel-
lée, & mes feux me bruslét avec plus
d'ardeur.]

La seconde chose que doivent
craindre ceux & celles qui donnent à
autruy occasion de pecher, sont les
maledictions que fulminent quelquefois à l'encontre d'eux les personnes qui à leur occasion sont tombées
en quelque peché mortel. Parce que

Dieu quelquefois en vertu de telles maledictiõs permet que ceux & celles mefmes qui ont donné telle occafion de pecher, tombent de nouueau en quelque forte de peché mortel, & meurent en cét eftat malheureux. Car il eft dit dans l'Efcriture: Eccl.4. [La priere de celuy qui te maudira en l'amertume de fon ame fera exaucée.] Et pour mieux confirmer & donner à entendre dauantage cecy, l'Ecclefiaftique non feulement en fuitte repete derechef les mefmes paroles, Ibidem. difant : [Et celuy qui l'a fait (c'eft à dire Dieu,) l'exaucera.] Mais encor ailleurs il dit auffi ouuertemét: Eccl.34. [Dieu exaucera la voix de celuy qui donne maledictiõ.] Et de faict, combien a-t'on veu d'hiftoires mefmes des petits enfans qui n'ayans pas encore l'vfage de raifon, & par confequent eftans incapables de pecher,

pour

pour auoir esté maudits de leur pere
ou de leur mere ont soudainement
ressenti les effects de telle maledi_
ction? C'est à sçauoir, en tant que sur
le champ ils ont esté possedez du
malin esprit, ou surpris de quelque
estrange & horrible maladie, ainsi
que rapportent Surius 25. *Maÿ in vita S. Zenobÿ, & S. Auguft. lib. 22. de
Ciuit. Dei, cap. 8. sub finem.* Voyent
donc maintenant en quels dangers
se jettent ces femmes impudentes,
qui par leur accouftremét lafcif che-
minans par les ruës & és places publiques feruent de pierre d'achoppe-
ment à plufieurs: Qu'elles craignent
que le diable en vertu des impreca-
tions contre elles fulminées par les
perfonnes qui à leur occafion font
tombées en quelque peché mortel,
& auffi par d'autres qui ont tel fpe-
ctacle en horreur, n'entre finon en

leur fein & en leur corps , pour le moins en leur ame : finon par foymefme & en propre perfonne, pour le moins par fa femence, qui eft le peché mortel. Ce qui eft beaucoup plus à craindre , veu que plufieurs fainéts perfonnages ont autrefois demandé à Dieu à eftre pluftoft poffedez du diable, afin de ne point mefmes tomber en certain peché veniel dont ils eftoient tentez : ce que Dieu accorda à quelques vns d'iceux, comme rapporte Seuere Sulpice *in vita S. Martini.* Et la raifon eft, parce que le peché mortel nous rend ennemis de Dieu, indignes de la beatitude celefte, & coulpables de la damnation eternelle : ce que ne fait pas le diable en vn poffedé qui eft fans peché mortel. Voire mefmes, qu'elles craignent auffi que le diable n'entre par foymefme & en propre perfonne en

leur fein & en leur corps, ou que la
terre ne s'ouure souz elles & les en-
gloutisse, ou que le foudre ne les es-
craze en vn instant, ou que quelque
autre grand malheur exterieur & ap-
parant ne leur aduienne. Par ce que
(cóme dit fort bien l'angelique Do-
cteur sainct Thomas) [il est necessai- 1.2.q.68.
re pour l'equité de la iustice, que ceux art. 6...
qui ont esté scandalisez par la coulpe 3.
(exterieure, notoire, & publique)
d'autruy, soient edifiez par la puni-
tion(exterieure, notoire, & publique)
de celuy-là mesme.] Comme il ap-
pert de Dauid, lequel pour auoir dó- 2.R.13.
né occasió à ses ennemis de blasphe- 12.
mer, a esté puny de Dieu exemplai-
rement en la mort visible de son fils
qu'il aimoit tendrement.

D ij

CHAPITRE VII.

Sçauoir, si les femmes pechent mortelle-
ment pour se monstrer desbraillées?

IVſques icy i'ay monſtré par diuers
biais & moyens comme c'eſt grã-
dement mal-fait aux femmes de ſe
monſtrer deſbraillées (ce qui devroit
ſuffire pour les faire reformer ; veu
principalemét qu'vne ame vertueuſe
& deuote doit pluſtoſt aimer mou-
rir, que de commettre d'vn propos
deliberé la moindre imperfeƈtion
ou peché veniel.) Maintenát il nous
faut reſoudre ſi ce leur eſt vn peché
mortel, ou non ; veu principalement
que pluſieurs d'entr'elles ſe gabbans
des pechez veniels, & n'apprehendás
pas trop auſſi les mortels, ne ſont
pas pour ſonger à ſe changer ny reformer, ſi on ne leur donne claire-

ment à cognoiftre comme ce leur eft
vn peché mortel. Or afin de proce-
der plus clairement en cecy, j'vferay
de la diftinction fuiuante.

Ie dis donc en premier lieu, qu'vne
femme ne monftrant fon fein qu'vn
peu defcouuert, abfolument parlant
ne peche que veniellement. La raifon de cecy eft celle qui eft contraire
à celle de la feconde partie qui fuit de
la prefente diftinction.

En fecond lieu ie dis, qu'vne femme monftrant fon fein beaucoup &
notablemét defcouuert deuant plufieurs hómes, comme (par exemple)
en cheminant par les rües, ou dans
les Eglifes, ou en quelque autre lieu
que ce foit, abfolumét parlant peche
mortellement. La raifon de cecy eft,
parce qu'vne gráde partie d'iceux a de
couftume de prendre de là occafion
de tomber toft ou tard en quelque

forte de peché mortel par pure fragilité, & comme à regret. Les hiftoires
facrées & profanes, comme auffi l'ex-
perience iournaliere tefmoignét cecy. De plus ainfi l'enfeignent Sylue-
ftre au mot, *Ornatus*, nomb. 4. An-
gelus auffi au mot, *Ornatus*, nomb. 3.
Fumus encor au mot, *Ornatus*, nób. 1.
Fernandes de Moure en la 4. part. de
fon Examé de la Theologie morale,
ch. 8. §. 3. interrogat. 3. & 5. Emmanuel
Sà au mot, *Ornatus*, nomb. 2. Iacques
Pichonneau nomb. 231. Iean Polman
en fon liure intitulé, *Le Chancre*, art.
7. & nouuellement Me André Du-
Val, l'vn des principaux pilliers de
Sorbonne à prefent, *tom. 2. tract. de
Charit. qu. 19. art. 5. concl. 3.* & plufieurs
autres. Au refte, fi quelqu'vn defire
fçauoir quelques hiftoires d'aucunes
femmes damnées, & tourmentées en
enfer particulierement au fein & és

mammelles pour auoir autrefois pris
plaiſir à les monſtrer nuës & deſcouuertes : Comme auſſi d'aucuns Confeſſeurs damnez pour auoir ſouffert
en leurs penitentes vn tel abus ; qu'il
liſe Guillaume Pepin *lib.* 1. *de confeſſ.*
c. 13. & la Chronique des Freres Mi-
neurs, *p.* 2. *l.* 5. *c.* 38.

   Si nous voulons conſulter les ſentences des ſainǎts Peres, nous trouue-
rons qu'elles fourmillent ſur ce ſujet.
Car ſ'ils condamnent vne femme de
peché mortel pour eſtre veſtuë beaucoup ſuperbement, & pour auoir ſon
viſage notablement fardé : combien
à plus forte raiſon la condamneront-
ils encor de peché mortel, pour faire
mõſtre & parade de ſon ſcin & mammelles beaucoup & notablemét deſcouuertes : veu qu'il ſemble hors de
doute, que paroiſſant en cét eſtat elle
cauſe pluſtoſt le ſcandale *des petits,*

que non pas pour eſtre veſtuë beaucoup ſuperbement, & pour auoir ſon
viſage notablement fardé ? Or que
les ſainᵏts Peres condamnent vne
femme de peché mortel pour eſtre
veſtuë beaucoup ſuperbement , &
pour auoir ſon viſage notablement
fardé, il eſt facile de le monſtrer. Car
en premier lieu,

Lib. de diſcipli-na & ha-bitu Vir-ginum.

    Sainᵏt Cyprian dit ainſi : [Si tu te
coiffes trop ſomptueuſement, en telle ſorte que tu attires les yeux de la
ieuneſſe vers toy, & ſois cauſe de ſa
perte en te preſentát ainſi à elle comme vn glaiue ou poiſon, tu es inex-
cuſable deuant Dieu, encor meſmes
que tu n'ayes aucune mauuaiſe intention.]

Lib. de habitu Virginũ.

    Et derechef parlant à celle qui ſe
farde le viſage pour paroiſtre plus
belle : [Tu ne pourras voir Dieu; veu
que tu n'as pas les yeux ſelon qu'il te

les a faits, mais foüillez & gaftez par l'artifice du diable : Portant ainfi la teinture & livrée de ton ennemy , tu brûleras auec luy.]

Et ailleurs:[Les femmes pour eftre *Ibidem.* par trop ornées d'or & de pierreries, perdent fouuent les ornemés de leur cœur.] c'eft à dire , la grace & la charité, auec les autres dons & vertus furnaturelles.

Sainct Bafile:[Pren garde à ne pas *Homil.* donner(à fçauoir, par ton habillemét *in diui-* & ornement trop fomptueux) ma- *ses aza-* tiere de pecher aux autres, de peur *res.* que par aprés tu ne fois puni doublement : c'eft à fçauoir,& pour tes propres pechez, & pour ceux d'autruy dont tu auras efté caufe.]

Sainct Hierofme : [Si vne femme *In cap. 3.* fe pare en telle forte qu'elle prouo- *Ifaiæ.* que les regards des hommes vers foy; encor que pas vn d'eux ne peche,

neantmoins elle sera cōdamnée eternellement : par ce qu'elle a appresté
le venin qui eust donné la mort, s'il
se fust trouué quelqu'vn qui en eust
beu.]

Ad Mau-
rity filiã. Et derechef : [C'est vn grand peché aprés auoir esté sanctifié par le
sainct Chresme, de se souiller la face
& cheueux du suc ou poudre de quelque fard que ce soit.]

In apol.
ad Guil-
lelmum
Abbatē. Sainct Bernard : [Tát plus le corps
par dehors est embelli & paré par
vaine gloire, d'autant plus l'ame au
dedans est enlaidie & souillée.]

Homil.
17. in c.
15. Gen. Sainct Iean Chrysostome : [Il est
impossible que celuy qui est occupé
à tant cultiuer & orner son corps,
fasse le salut de son ame : Par ce que
tant plus nous nous esiouïssons à l'orner & embellir, d'autant plus nous
nous esloignons de l'amour diuin.]

Et derechef parlant contre le fard

& l'habillement trop ſomptueux qui *Homil.*
12. in 1.
ad Co-
rinth.
ſe pratique ordinairement le iour des
nopces:[Ne m'alleguez point la couſtume pour excuſe ; car ſi cela eſt
mauuais, il ne le faut pas meſmes faire vne ſeule fois. Partant il faut orner
l'Eſpouſe de telle ſorte, que ſ'il y a du
mal à l'orner de la façon qu'on l'or-
ne, il ne la faille pas meſmes orner
vne ſeule fois de telle façon. Quoy
donc ? me direz vous, vous blaſmez
les nopces. A Dieu ne plaiſe, ie ne
ſuis pas ſi fol; ains ſeulement ie blaſ-
me les inſolences & vilenies qui ont
accouſtumé de les accompagner:
c'eſt à ſçauoir, le fard du viſage, & vn
ſi grand ſoin d'eſtre brave. Car cela
eſt cauſe qu'en ce iour là, l'Eſpouſe ſi
bien ornée eſt ordinairement violée
& ſoüillée par la penſée & deſir im-
pudique & charnel de pluſieurs, auparauant que d'auoir la cognoiſſan-

ce legitime de son Espoux dans vn lict honorable & sans tache.]

In cap.5.
1.ad Ti-
moth.3.
cap.

Sainct Ambroise : [Tant plus la féme s'estudie de se parer pour plaire aux hommes, d'autant plus elle est faite mesprisable à Dieu.] A quoy il

Ibid.

adjouste: [Qui est l'homme prudent, qui n'ait en horreur la femme ornée superbement ?]

Lib.3.de
Virgin.

Et ailleurs parlant contre les femmes desbraillées: [Y a-t'il rien qui excite plus promptement le desir de paillardise, que de monstrer à nud les parties ou membres que la nature ou la discipline a de coustume de voiler & cacher ?]

De bono
coniug.
cap. 7.

Sainct Augustin parlant aux mariez : [Ils doiuent craindre qu'en se demandant l'vn à l'autre ce par quoy ils pretendent receuoir plus d'honneur, ils ne soient cause de la damnation l'vn de l'autre.]

Conformément à cela sainct Gre-goire : [Il les faut admonnester, que comme ils taschent de se rendre reci-proquement l'honneur, l'amitié, & seruice qu'ils s'entre-doiuent,chacun d'eux s'efforce tellement de plaire à l'autre, qu'il ne desplaise à Dieu.] *Lib. de cura pa-storum.*

Il est rapporté de sainct Nonnus Euesque, que comme il veit en An-tioche vne grande Dame nommée Pelage tres-superbement vestuë en-trer dans l'Eglise,il se prit à pleurer;& que comme on luy demanda la rai-son pourquoy il pleuroit, il respon-dit que c'estoit pour deux causes:c'est à sçauoir, premierement par ce qu'il iugeoit bien que cette Dame se dam-noit à cause du scandale *des petits* qu'elle causoit par son accoustremét trop superbe & somptueux. Secon-dement,par ce qu'il voyoit bien qu'il ne prenoit pas tant de peine pour *Nicepho. lib. 14. cap. 30.*

plaire à Dieu, comme cette *Dame* en prenoit pour plaire aux hommes. Et c'eſt à propos de cecy que Thomas Morus Anglois, l'vn des plus ſçauans & vertueux perſonnages de ſon téps, diſoit que pluſieurs en ce monde achetoient l'enfer auec tant de trauail, qu'auec la moitié d'autant ils pourroient acheter le Paradis.

Iuſques icy ſont les ſentences des ſainⁱts Peres, par leſquelles il eſt facile de voir comme ils condamnent vne femme de peché mortel pour eſtre veſtuë beaucoup ſuperbement, & pour auoir ſon viſage notablemét fardé , & par conſequent auſſi & à plus forte raiſon, pour faire monſtre & parade de ſon ſein & mammelles beaucoup & notablement deſcouuertes.

S'il eſt loiſible d'alleguer les ſentences des Autheurs profanes parmy

les sacrées, pour monstrer comme le
seul aspect de la féme parée & à sein
nud, est suffisant pour exciter la sen-
sualité en celui qui la regarde; en voi-
cy de quelques Poëtes anciés Latins.

Virgile : [La femme par son aspect *Georgic.*
brûle ; & à mesure qu'on la regarde, *3.*
elle conçoit petit à petit des forces
pour brûler dauantage.]

Carpit enim vires paulatim, vritque
  videndo
Fœmina.

Le mesme : [Aussi tost que ie l'ay *Eglog. 2.*
veuë,i'ay esté pris,& ay peri;ainsi m'a
transporté mon vieil erreur.]

Vt vidi, vt perij : sic me vetus abstulit
  error.

A quoy adiouste Ouide : [C'a esté *Epist. 12.*
là la premiere ruine de mon ame.]

Illa fuit mentis prima ruina mea.

S. Orientius : [L'abbord cause la *In com-*
veuë, & la veuë aussi tost excite des *moniter.*

flammes; puis ces flammes produi-
sent ce que ie n'ose dire.]

Congreſſus præſtat viſum, mox lumina
      viſu

    Cōcipiŭt flāmas, parturiŭntꝗ, nefas.

Vrayement l'on peut dire des meſ-
Satyr.11. mes ſeins nuds des femmes , qu'ils
ſont (comme parle Iuuenal) [l'aga-
cement de Venus languiſſante , &
comme des poignantes orties.]

Irritamentum Veneris languentis, &
      acres

Vrticæ.

      Et de faict, n'eſt-ce pas pour cette
raiſon que l'Eſcriture ſaincte auec tát
Eccli.9. de ſoin nous dit: [Deſtourne tes yeux
de la féme parée, & ne regarde point
tát ſa beauté ; car par ſon moyé pluſieurs ont peri , & la concupiſcence
ſ'enflamme comme vn feu?] Et que
Iob.31. Iob diſoit : [I'ay fait accord auec mes
yeux, à ce que iamais ie ne regarde ny
      penſe

penſe à aucune fille ou femme ?] Et
Salomon ; [Il eſtoit vne femme en *Prou.7.*
habit de paillarde , dreſſant par ce
moyen des pieges aux ames ?] Voire *Iſai.3.*
meſmes n'eſt-il pas dit en Iſaïe, qu'v-
ne des cauſes pourquoy Dieu a ruiné
la ville de Ieruſalem, eſtoit par ce que
les femmes & filles en icelle auoient
de couſtume de marcher [auec des
habits trop pompeux, & monſtrans
leur gorge & ſein nud ?] D'où vient
qu'en ſuitte il eſt adiouſté, que pour
cela [le Seigneur en ce iour là (c'eſt à *Ibidem.*
dire, au iour du iugement dernier)
leur déchevelera la teſte, & deſcou-
urira leurs perruques, & leur oſtera
les ornemés de leurs ſouliers, & leurs
petits crochets , & leurs colliers, &
leurs affiquets, & leurs braſſelets,&
leurs coiffes, & les rubans lians leurs
cheueux, & leurs tabliers, & leurs
chaiſnes d'or , & leurs pommes de

E

senteurs, & les bagues penduës à leurs oreilles, & leurs anneaux, & les carquans pendans sur leur front, & les vestemens qu'elles ont de coustume de changer, & leurs petits manteaux, & leurs linceuls, & leurs aiguilles, & leurs miroirs, & leurs chemises de lin, & leurs templieres, & leurs couvrechefs : & qu'au lieu de soüefve odeur, il leur sera donné vne puanteur; & au lieu de ceinture, vn petit cordeau ; & pour la chevelure qu'elles aurót porté crespelée & frisée, la teste leur sera pelée ; & pour leur corset mignon, la haire leur sera donnée.]

Tovtefois il est à remarquer, que quelquefois vne femme ne monstrát son sein qu'vn peu descouuert pechera mortellement : Et vne autre femme au contraire monstrant son sein beaucoup descouuert, ne pechera pas mortellement. C'est à sçauoir,

ſi celle qui ne mõſtre ſon ſein qu'vn
peu deſcouuert, le monſtre deüant
quelqu'vn qu'elle croit qu'en le voiāt
il tombera en quelque ſorte de peché
mortel, lequel autrement & ſans cette occaſion il n'auroit pas determiné
de commettre. Ce qu'elle pourra recognoiſtre, par ce que peut eſtre luy
méſme luy aura deſia dit autrefois
que lors qu'il la voit de telle ſorte,
pour le plus ſouuent & ordinairemēt
il ſe laiſſe emporter à quelque peché
mortel : Ou bien encor, parce qu'elle
l'aura appriſe de quelqu'autre à qui
celuy-cy l'aura declaré. Et au contraire, ſi celle qui monſtre ſon ſein
beaucoup deſcouuert, le monſtre deuant quelqu'vn qu'elle croit qu'en le
voyāt il ne ſera pas beaucoup émeu,
& ne tombera point pour cela en aucun peché mortel. Ce qu'elle pourra
recognoiſtre, ou parce que luy meſ-

me peut eftre luy aura femblablemēt
declaré, ou parce qu'elle l'aura appri-
fe de quelqu'autre,à qui celuy cy l'aura declaré. C'eft à fçauoir, ou parce
qu'il aura efté eflevé & nourry toufiours auec elle en la voyant ainfi def-
couuerte : ou parce que de longue
main , & depuis vn grand temps il fe
fera accouftumé à la voir toufiours
ainfi : ou parce qu'il fera d'vn tempe-
rament grandement froid , ou pour
quelque autre femblable caufe.

Si quelqu'vne me demande: Quoy
donc ? eft-il poffible qu'on ne puiffe
iamais en façon quelconque monftrer fon fein nud fans pecher ? &
quand eft-ce qu'on commence à pecher mortellement en le monftrant?

A cela ie refpons en premier lieu,
que fi peu qu'on le mõftre il y a toufiours pour le moins peché veniel : fi
ce n'eft que quelque circonftance ex-

traordinaire modifie la chofe : veu
que les chofes morales dependent
principalement des circonftances;ce
qui ne fe peut rencõtrer neantmoins
que fort rarement. Et la raifon de cecy eft, parce que lors en donnant à
autruy & à foy-mefme vne occafion
efloignée de pecher mortellement,
on luy donne & à foy-mefme vne
occafiõ prochaine de pecher veniellement : c'eft à fçauoir, en tant qu'on
luy donne & à foy mefme vn fujet
pour exciter quelque penfée pour le
moins vaine & oifive.

En fecond lieu ie refpons, qu'on ne
peut determinément affigner combien il eft requis que le fein foit defcouuert pour commencer à pecher
mortellement : Ne plus ne moins
qu'on ne peut determinément affigner quelle quantité d'argét il eft requis de defrober pour commencer à

pecher mortellement en defrobant.
C'eſt pourquoy, tout ainſi que quelquefois ce qu'on ſe perſuadera abſo-
lument parlant n'eſtre que peché veniel à defrober, deuant Dieu ſera iugé eſtre peché mortel: Et au contraire, ce qu'on ſe perſuadera abſolumét
parlant eſtre peché mortel à defrober, quelquefois deuant Dieu ſera
ſeulement iugé eſtre peché veniel.
De meſme quelquefois, quand vne
femme ſe perſuadera abſolumét parlant n'y auoir que peché veniel à
monſtrer ſon ſein d'vne certaine façon defcouvert, Dieu iugera y auoir
peché mortel. Et au contraire, quand
elle ſe perſuadera abſolumét parlant
y auoir peché mortel, quelquefois
Dieu iugera ſeulement y auoir peché
veniel.

En vn mot, les femmes deſbraillées doiuent pour ce craindre d'eſtre

du nombre de celles qui ont en ſoy
quelques pechez mortels à elles cachez & incognus, pour leſquels neát-
moins elles ſeront indubitablement
damnées, ſi elles meurét en cét eſtat,
& n'en font auparauant penitence, à
l'imitation de Dauid, diſant : [Net- *Pſal. 50.*
toyez moy, Seigneur, de mes pechez
incognus, & pardonnez à voſtre ſer-
uiteur les pechez d'autruy:] c'eſt à dire, dont par ſon mauuais exemple il
pouuoit auoir eſté cauſe.

Dauátage, ce qui ſe dit icy du ſein,
ſe doit auſſi entendre de quelque autre partie du corps que ce ſoit, comme encor des paroles & actions par
leſquelles on peut donner occaſion
de pecher à autruy, ſoit homme, ſoit
femme.

CHAPITRE VIII.

De quelques abus ou impudences par-
ticulieres de plusieurs femmes
desbraillées.

IL y en a plusieurs ; mais ie me con-
tenteray d'alleguer ceux qui me
viendront presentemét en memoire.

Le premier est, qu'elles osent bien
souuent se presenter à la saincte con-
feſſion & communion en cét estat.
Certes, les Prestres qui leur donnent
lors la saincte absolution & communion, se monstrent (s'il faut ainsi dire) grandement niais , papelards, &
flateurs , participans à leur peché. S.
Paul ne dit-il pas: [Gardez vous bien
d'imposer trop tost les mains sur aucun (c'est à dire, de luy administrer
quelque sacrement,) de peur que ne
participiez à son peché ?] Ils devroiét

1.*Tim.*5.

les renvoyer en leur faifant vne con-
fufion notable , & leur refufant ce
qu'elles demandent. Mais quoy? le
defir du gain trop fouuent les aueugle. Les Religieux mefmes (qui fe
trompetent ordinairement plus re-
formez & plus mortifiez que les Pre-
ftres des Parroiffes) ayans efgard tant
au lucre qu'à l'honneur & credit , en
cela bien fouuent ne font pas moins
coulpables. Ils ne reffemblent pas à
fainct Antonin Archevefque de Flo-
rence, dont il eft rapporté qu'il chaf-
foit de toutes les Eglifes de fon Dio-
cefe les femmes qu'il rencontroit débraillées , difant qu'elles eftoient [les
inftrumens des demons pour perdre
les ames.]

Le fecond abus eft, qu'elles portent
ordinairement vne croix , où l'image
du fainct Efprit penduë à leur col. Ie
leur demanderois volontiers, à quel

In vita eius a- pud Sur. tom. 3.

propos? Car en premier lieu, que re-
presente la croix, sinon la mortification? Et cependant monstrans leur
sein nud, elles monstrent quant &
quant de deux choses l'vne: ou qu'elles renoncét tout à plat de practiquer
la mortification en aucune partie ou
puissãce de leur corps & de leur ame
2. *Cor.* 4.   (contre ce qu'a dit S. Paul: [Portez
tousiours en vos corps & en tout lieu
la mortificatiõ de Iesus Christ.]) Ou
bien, si elles la veulent en quelque façon practiquer, que pour le moins
elles veulét que leur sein soit excepté
& exempt de la practiquer, auquel
elles veulent donner toute sorte de
contentement, de delectation, & de
satisfaction: comme si elles estoient
capables de souffrir pour Dieu beaucoup plus qu'il ne merite.

En second lieu, quant à l'image du
sainct Esprit qu'elles portent penduë

à leur col;que veut-elle signifier,sinõ
qu'elles tiennent tacitement en elles
mesmes ce langage: [Ie sçay bien que
le sainct Esprit m'inspire de cacher
mon sein;mais pourtãt ie ne me sou-
cie pas beaucoup de ses sainctes inspirations : C'est pourquoy mal-gré
luy ie le veux monstrer nud impudé-
ment.] En quoy elles feroient beaucoup mieux(ce me semble) de porter
à leur col l'image d'vn crapaut ou
d'vn corbeau : attendu que ces animaux se plaisent parmy les ordures;
& leur ame (qui est lors en estat de
peché mortel)est reputée deuãt Dieu
comme de la fiente & de l'ordure,se-
lon qu'il est dit : [Elles ont croupi en *Ioël.1.*
leur ordure comme des vaches.] Et
derechef:[La femme impudique(tel- *Eccli.9.*
les que sont toutes celles qui sont débraillées,veu qu'il n'y a point du tout
de difference entre leur habillement

& celuy d'vne vilaine)sera foulée aux pieds comme de la fiente en la voye.]

Outre-plus, qui ne voit icy l'insigne impudence & pure malice de ces effrontées cachée sous le manteau specieux d'vne deuotion entieremét hypocrite; veu que portás cette croix ou image du sainct Esprit au milieu de leur sein nud, elles s'en servent comme d'vne amorce ou appas pour attirer cauteleusement les yeux des simples à le regarder? En quoy elles imitent les sorciers & sorcieres, qui se servent bien souvent des mesmes choses sainctes & sacrées pour practiquer leurs sorcelleries & enchantemens.

Le troisiesme abus est, que quand il y a quelque Iubilé ou pardon de pleniere indulgéce en quelque Eglise, on les y verra trotter pour le penser gaigner. Mais elles se trompét lors grandement: veu que le pardon ne se gaigne que pour les pechez commis que l'on deteste de tout son cœur, & ausquels on n'a plus du tout d'affection. Et cependãt ces mesmes femmes allãs à cette Eglise où est le susdit pardon, non seulemét ne se repentét pas de leur desbraillement passé ; ains au contraire ont la volonté d'y continuer & perseuerer opiniastrément.

Le quatriesme abus est, qu'à la Feste-Dieu voyans qu'on tend les murailles des ruës de tapisseries, & jõche les pauez de fleurs & d'herbes odoriferãtes pour faire honneur au sainct Sacrement que l'on porte en procession ; elles ont de coustume d'assister à cette mesme procession monstrans leur sein nud: comme si elles ne pouuoient lors trouuer aucun ornement poictrinal qui peust faire plus d'hõneur à Iesus Christ présent, que la nu-

dité de leur fein. O impudence into-
lerable! ô facrilege deteftable, de fe
vouloir feruir des chofes mefmes qui
font defagreables & en horreur à
Dieu, pour luy plaire & agréer! Certes il vaudroit beaucoup mieuxqu'elles fe tinffent ce iour là en leur maifon, & n'affiftaffent point du tout à
la proceffió, que d'y aller en tel equi-
page. C'eft bien là le moyen d'impe-
trer de luy fes graces & benedictions:
elles encourent pluftoft fa colere &
maledictió. Eft-ce le moyen (ie vous
prie)d'attirer quelqu'vn chez foy, que
Galat.6. d'y auoir & loger fon ennemy ? [Ne
vous y trompez pas, l'on ne fe moque
point de Dieu impunément :] Il eft
Sap. 1. efcrit; [Le S. Efprit fuira la diffimula-
tió, & ne peut faire fa demeure en vn
corps, (poictrine, ou fein) affujetti au
peché,]ainfi qu'il l'eft lors particulierement qu'il eft nud & defcouvert.

Certainement, quand ie voy ces
desbraillées frequenter les lieux où le
peuple communémét accourt (comme, par exemple, les Samedis l'Eglise
de noſtre Dame à Paris, les lieux où
l'on dit quelque Meſſe celebre, où
l'on preſche, où l'on fait des proceſ-
ſions, où il y a des indulgences, les
foires, les comedies, les bals, les nopces, les feſtins, &c.) cela me fait reſſouuenir de ſaincte Marie Egyptien- 2. *April.*
ne, laquelle auparauát ſa converſion
(desbordée qu'elle eſtoit) alloit cour-
re de coſtez & d'autres pour trouuer l'occaſion d'aſſouuir ſes deſirs
impudiques. Car en la meſme façon
ces endiablées & enragées ont de
couſtume d'aller és lieux ſuſdits, expreſſément pour aſſouvir le deſir ef-
frené qu'elles ont de faire monſtre
de l'infame nudité de leur ſein. Et ie
vous laiſſe à penſer ſi en faiſant cela

elles sont exemptes des violents ai-
guillons de la chair, au moindre des-
quels neantmoins consentans plai-
nement elles pechent mortellemēt,
lequel peché par aprés ne leur est pas
si facile à oster, cōme peut-estre elles
se le persuadent : veu que pour l'oster
il est certain qu'il faut vne grace sur-
naturelle, & que cette grace ne se dō-
ne que par misericorde, & que cette
misericorde ne se fait (comme parle
Rom.9. sainct Paul) [qu'à qui il plaist à Dieu,
& Exod. & se refuse à qui il luy plaist.] Car de
33. dire qu'il l'ait promise en façon quelconque à quiconque se repentiroit
de ses pechez par les forces naturelles
de son libre arbitre, c'est à dire, aidées
seulement de son concours general,
c'est tomber dans le Pelagianisme ou
Semipelagianisme condamné par les
Conciles d'Avrange, Mileuitain, &
de Trente (de quoy si quelqu'vn de-
                              sire

sire estre instruit plus amplement,
qu'il life la seconde edition de mon
autre liure intitulé, *Le Foudre fou-
droyant, &c.* en la dixiesme exhorta-
tion de la premiere partie. Comme
aussi *Les Esclaircissemens de Meliton,*
composez par le Sieur de *Sainct Aga-
tange*, ou pluftoft, par Messire *Iean
Pierre Camus* Euesque & Seigneur de
Belley, hôme rare, l'vnique prodige de
noftre siecle, l'ornement des Prelats,
le miroir des sages, homme, dis-ie,
doüé de science eminente & doctrine profonde, au liure 4. principalement depuis le §. 79. iusques au 105.)
Voyent donc maintenant en quels
dangers se jettent ces pauures aveuglées ; qu'elles regardent à se corriger
plus toft que plus tard.

Le cinquiesme abus (& peut-eftre
le pire de tous)eft, qu'és Parroisses ci-
dinairement (& aussi depuis quelque

téps és Eglises Monastiques)l'on voit
des Questeuses tellement débraillées,
qu'on les prendroit pour des vrayes
Comediennes, des Farceuses, & des
Mascarades. Est-ce ainsi que l'on
prophane le sainct Temple de Dieu?
où sommes nous?en quel siecle sommes nous? veut-on amener le carna-
ual dans les Eglises ? y veut-on pláter
des idoles ? y veut-on joüer des bals?
de dire que lors que le peuple tasche
és Festes principales de l'année d'y
faire son petit deuoir pour se recueil-
lir & reünir auec Dieu par la recep-
tion des Sacremens de Penitence &
de l'Eucharistie;c'est pour lors parti-
culieremét qu'on introduira deux ou
trois Baladines, qui toutes desbraillées rodans & penetrás par plusieurs
tours & retours tous les coins & re-
coins de ces Eglises souz pretexte de
queste, vont dissipans & ravageans

còmme Harpies infernales par vn
ſcandale mortel le peu de bónes œuures & fruicts que peuuent produire
lors ceux qui dans l'eſcriture ſont ap-
pellez *petis*. Certes, il vaudroit mieux   *Mat.18.*
que toutes ces queſtes fuſſent au fód
de la mer, que de les admettre avec
tel & ſi grand abus. Et les Curez, &
Confeſſeurs, & autres pouuans reme-
dier à ce mal, & n'y remedians pas,
en reſpondront au iour du iugement   *3.Reg.*
[ame pour ame.]   *20.*

A ce propos, il y a quelque temps
qu'eſtant avec vne certaine perſonne
de marque, mariée, & aſſez verſée en
la philoſophie tant des choſes naturelles que ſurnaturelles, & nõ moins
zelée du zele diuin ; & diſcourant fa-
milierement avec elle de choſes in-
differentes, ie fus tout eſtonné qu'elle
me dit avoir veu en la nef de ſa par-
roiſſe certaines tapiſſeries où eſtoier

F ij

dépeints des bergers folaſtrans laſci-
uemét auec des bergeres, & pluſieurs
autres ſemblables folies. Et en vne
autre Egliſe, le tableau d'vne Dame
beaucoup deſbraillée au deſſus d'vn
certain autel où l'on celebre tous les
iours quantité de Meſſes; dont elle ſe
ſcandaliſoit fort. Il vaudroit mieux
(adiouſta-t'elle) voir les murailles des
Egliſes toutes nuës, que non pas re-
ueſtuës de telles tapiſſeries, ou couuertes de tels tableaux. A la parfin
(pourſuiuit-elle) on fera des Venus
ou Cupidons au deſſus du ſainct Ci-
boire meſmes ou Soleil où l'on a de
couſtume de repoſer la ſaincte Ho-
ſtie. Pour moy, ie demeuray lors tout
confus, ne ſçachant que reſpondre,
& hauſſant les eſpaules, & luy auoüát
qu'à la verité cela eſtoit tres-mal.

Le ſixieſme abus eſt, qu'il ſe voit
des meres qui eſtans aſſez modeſte-
ment veſtuës, permettent que leurs

filles monſtrent leur gorge & ſein
nud. A telles meres ie n'ay qu'vn mot
à dire tiré de ſainct Paul, qui eſt que
[non ſeulement ceux qui font mal, *Rom.1.*
mais encor ceux qui y conſentent,
ſont dignes de mort :] c'eſt à dire, de
la damnation eternelle.

A ce propos, ie parlerois volõtiers
de ceux qui permettent des comedies
& farces, où les fémes meſmes (pour
l'ordinaire deſbauchées) par vne ef-
fronterie effrenée monſtrans leurs
mammelles entierement nuës ſur vn
theatre, prononçans mil paroles impudiques, faiſans mil ſouſris, œilla-
des, & autres geſtes ou actions laſci-
ues & deshonneſtes, jettent mil traits
lubriques dans les cœurs de ceux qui
ſont ſi fols que d'aſſiſter à tels ſpecta-
cles infames : n'eſtoit qu'il n'eſt que
trop clair, que la ſentence de ſainct
Paul que ie viens preſentement d'al-

leguer , s'addreſſe à eux auſſi bien qu'aux meres ſuſdites.

Au reſte, ſi quelqu'vn deſire voir les ſentences des ſainⅽts Peres fulminans contre tels jeux, paſſe-temps, & recreations abominables ; qu'il liſe le tres-excellét ch.11.du 1 liu. du Traiⅽté de la tribulatiõ, fait par Ribadeneïra.

Pour le regard de quelques Dames vaines qui ont de couſtume depuis quelque temps d'appliquer ſur leur viſage des petits morceaux de taffetas noir (qu'elles appellent mouſches) pour paroiſtre plus belles;il me ſemble qu'il n'eſt point grandement neceſſaire de les en reprendre, ains pluſtoſt qu'il ſeroit quaſi plus à propos de les exhorter à continuer cette praⅽtique, que de les en deſtourner : Attendu qu'auec telles mouſches(quoy que contre leur opinion)elles paroiſ-ſent pluſtoſt laides que belles,& font ⁻¹⁻ſtoſt ſouſleuer le cœur à ceux qui

les regardent, qu'elles ne leur excitent
l'appetit: veu qu'icelles appliquées en
forme d'emplaftre fur leur vifage, fôt
reffouuenir de quelque rongne, pu-
ftule, clou, bubô, ou autre farcin qui
pourroit eftre caché deffouz. Quand
donc ces Pimprenelles fe glorifient
de ces moufches, c'eft côme fi vn la-
dre ou vn efcroüellé fe glorifioit des
emplaftres qu'il porteroit fur fon mal
ou efcroüelles. Tout ce qu'il y a de
plus à plaindre en cela, c'eft la perte
de temps qu'elles font, & l'inutilité
de leurs penfées f'appliquans à des
chofes fi baffes, fi plattes, & fi indignes d'vn Chreftien. En quoy elles fe
monftrent femblables à ces petits
enfans, qui pafferôt quelquefois tout
vn iour à chaffer aux moufches& aux
papillôs, & à courir aprés la fleur des
chardons que le vent fouffle en l'air.

Si toutefois quelqu'vne iugeoit
qu'auec les moufches fufdites elle té-

toit autant les hommes,comme auec
son fard & ornemés superflus;elle se-
roit lors autant obligée de s'en abstenir, côme de toutes ces autres choses.

Ie n'aurois iamais fait,si ie voulois
m'amuser à poursuiure toutes les in-
epties & malices des femmes mon-
daines. Il est temps que ie finisse,
aprés auoir auparauant encor remar-
qué ce petit mot, qui est que le com-
ble de leur impudence se manifeste
palpablement en hyuer , lors qu'il
gele(comme l'on dit)à pierre fendre:
Car alors (chose prodigieuse !) on les
verra bien souuent par les ruës autant
desbraillées , comme és plus grandes
chaleurs d'esté : d'où vient que quelquefois elles en contractent de tres-
griefues maladies,& mesmes la mort.
En quoy elles commettent lors dou-
ble peché mortel.L'vn,en tant qu'elles donnent à autruy occasion manifeste de pecher mortellemét L'autre,

en tãt que par leur propre faute cette
maladie ou mort leur advient.

Corollaire, contre les femmes desbrail-
lées qui ne se voudrõt reformer ayãs
leu tout ce qui a esté dit cy dessus.

TElles sortes de fémes font femblables à ceux qui dans l'Escri-
ture difent à Dieu : [Retirez vous de *Iob.21.*
nous, nous ne voulõs point la fcien-
ce de vos voyes.] Mais on leur peut
refpõdre ce qu'encor il y eft dit : [Tu *Ierem.3.*
as le front d'vne impudente, tu ne
fçais que c'eft de rougir.]Et derechef:
[Ie fçauois bien que tu eftois dure, & *Ifai.48.*
que ton col eftoit comme vn nerf de
fer, & ton front d'airain.] Item; [Tu *Ezech.2.*
es de dure cervelle, & d'vn cœur in-
corrigible , & vne maifon rebelle:]
c'eft à dire, qui ne fait qu'aigrir & co-
lerer Dieu. Ou bié encor: [C'eft grãd *Act.7.*
cas que vous refiftez toufiours au S.
Efprit:]c'eft à dire, à fes fainctes infpi-

5. rations. Le Prophete Ieremie les def-
crit en cette forte, difant : [Elles ont
endurci leurs faces plus que la pierre,
& n'ont pas voulu retourner.] Le
Zach.7. Prophete Zacharie adioufte : [Elles
n'ont pas voulu entédre, & ont tourné le dos fe retirans, & ont eftouppé
leurs oreilles de peur d'efcouter, &
ont rédu leur cœur cóme vn diamát,
de peur d'oüir la loy & les paroles
que le Dieu des batailles a envoyé.]

Or ce n'eft pas vn petit peché de
refifter aux infpirations de Dieu.
Voyons vn peu ce qu'en dit l'Efcriture faincte. Et premierement Dauid
nous admonefte de n'y pas refifter,
Pfal.94. parlant en cette forte : [Si vous avez
auiourd'huy entendu fa voix (c'eft à
dire, receu l'infpiration de Dieu,)gar-
dez vous bien d'endurcir vos cœurs.]
2.Theff. Et auffi S. Paul, difant : [Gardez vous
5. bien d'efteindre en vous l'efprit de
Dieu :] c'eft à dire, fa faincte infpira-

tion. Et derechef: [Nous vous exhor- 2. *Cor.*4.
tons à ce que vous ne receuiez point
la grace de Dieu(c'eſt à dire, ſa ſaincte
inſpiration) en vain.] Ailleurs, ceux
qui reſiſtét aux inſpirations de Dieu,
ſont dits par le meſme Sainct [faire *Heb.* 10.
iniure à l'eſprit de la grace, contriſter *Epheſ.*4.
le ſainct Eſprit, crucifier derechef le
Fils de Dieu, le meſpriſer, & en fin *Hebr.*6.
eſtimer le ſang du Teſtamét ſoüillé.]
Et pour ce auſſi Dieu a de couſtume
de retirer ſes graces de telles perſonnes en punition de leur ingratitude.
Car il eſt dit dans l'Evãgile: [A celuy *Matt.* 13.
qui a, il luy ſera donné, & il abõdera:
mais à celuy qui n'a point, il luy ſera
oſté meſmes ce qu'il a.] C'eſt à dire,
qu'à celuy qui fera fructifier les graces qu'il a, Dieu en donnera dauantage, en ſorte qu'il abondera : mais de
celuy qui ne les fera pas fructifier, il
le, oſtera. Et de faict, les Apoſtres ne
dirét-ils pas: [Parce que vous repouſ- *A.*

sez la parole de Dieu, & vous iugez
indignes de la vie eternelle(c'est à dire,& ne voulez non plus operer pour
la vie eternelle, que si vous vous en
iugiez indignes & incapables,) voila
que nous nous en allons & retournós
vers les Gentils?] De là vient que S.
Bernard a dit: [L'ingratitude(laquelle se retrouue tousiours en ceux qui
resistent aux inspirations de Dieu)
est vn vent bruslant qui tarit la fontaine de pieté, la rosée de misericorde,& les ruisseaux de la grace.]

Or non seulement Dieu retire ses
graces des personnes qui resistent à
ses sainctes inspirations (ce qui n'est
pas vn petit mal, veu que c'est vne
doctrine commune en Theologie,
qu'il vaudroit beaucoup mieux faire
perte de tous les biens du móde, que
nó pas de la moindre grace de Dieu:)
mais encor,il les menace de plusieurs
autres maux & supplices. Car prc-

*Super
Cantic.*

*D.Tho.
1.2. qu.
113.ar.9.
ad 2.*

mierement il eſt dit en l'Eſcriture:[Il
a ouy le ſon de la trompete(c'eſt à di- *Ezec.33.*
re,receu l'inſpiration de Dieu,) & ne
ſ'eſt pas gardé (c'eſt à dire, ne l'a pas
obſervée ny practiquée,)ſon ſang ſera ſur luy:] c'eſt à dire,il ſera cauſe luy
meſme de ſon malheur. Sainct Paul *Rom.1.*
dit:[La colere de Dieu eſt revelée du
ciel ſur toute impieté & iniuſtice des
hommes qui retiennent la verité en
iniuſtice:]c'eſt à dire,qui cognoiſſans
le bien ne le font pas.Et derechef:[La *Heb.6.*
terre qui boit ſouuent la pluye qui
tombe ſur elle, & ne produit que des
eſpines & chardons (c'eſt à dire,l'ame
qui reçoit ſouuent les inſpirations de
Dieu, & fait touſiours des meſchátes
œuvres,) eſt reprouvée, & tres-pro-
chaine de malediction, dont la fin
tend à eſtre bruſlée.] L'Eccleſiaſti-
que : [Le cœur obſtiné ſera bien mal *Eccl.3.*
traitté de Dieu ſur la fin de ſes iours.]
Conformément à cecy Dieu dit ail-

Prou.i. leurs : [Ie vous ay appellé, & vo⁹ avez
refufé de venir : I'ay eftédu ma main,
& vous n'avez daigné la regarder:
vous avez mefprifé tout mon con-
feil, & negligé mes reprehenfions : &
moy ie me riray auffi en voftre perte,
& me gaufferay, quand il vous fera
arrivé ce que vous craigniez.]

Pour toutes ces confiderations
donc, à celuy qui refifte aux infpira-
Rom.2. tions de Dieu l'on peut dire : [Selon
ta dureté & ton cœur impenitent, tu
te thefaurifes la colere de Dieu pour
le iour de fa colere.]

Et fi dauanture les femmes qui ne
fe voudront reformer ayans leu tout
ce qui a efté dit cy-deffus, veulent
maintenir n'y avoir aucun peché à
eftre defbraillées comme elles font; il
leur faut dire ce que fainct Pierre dit
Act.5. à Ananie : [Tu as menti au S. Efprit,
& non pas (feulemét) aux hommes.]

F I N.

TABLE
DES CHAPITRES.

Fin de la Table.

ELEGIE.

C'Eſt à ce coup icy, ô femmes trop rebelles,
Qu'il faut oſter l'orgueil de vos dures cer-
velles:
Car ce preſent liuret deſtruit totalement
Vos pretextes plus forts, & les expoſe au vent.
On ne vous verra donc plus trotter dás les ruës
Auec habits pompeux,&vos mammelles nuës,
Et la face plaſtrée, & les cheveux creſpus,
Auec bagues, carquans, & brillans ſuperflus.
Si toutefois quelqu'vne eſtoit ſi temeraire,
Que de paroiſtre encor ainſi pour ſe complaire:
Qu'elle reçoiue lors de nouueau pour ſurnom,
De Truye,& de Chienne,& de Louve le nom,
De ſale, & de vilaine, & d'infame Megere,
D'execrable à tous, & damnée Sorciere.
Aucuns ont combattu deſia ce monſtre hideux,
Mais ne l'ont abbatu ſe roidiſſant contre eux:
Au ſeul IVVERNAY en eſt deüe la victoire,
Dont il doit rendre à Dieu la principale gloire.